www.edition-bilibri.de

Text, Illustration & Layout: Heike Hengstler
Übersetzung: Dr. Kristy Clark Koth (Englisch)
Gül Dilek Schlieker (Türkisch)
Françoise Cavanat-Grill (Französisch)

Printed by Leo Paper Products, Hong Kong

Heike Hengstler

Wer ruft denn da?

Who's Making That Noise?

Qui fait ce bruit?

Bu Kimin Sesi?

Edition bi:libri

An einem schönen Sommertag geht die kleine Sophie – und sie ist wirklich noch sehr klein – mit ihrem Hund Cäsar spazieren.

On a beautiful summer day, little Sophie – and she is still really quite little – is going for a walk with her dog Caesar.

Par une belle journée d'été, la petite Sophie - et elle est vraiment encore très petite – se promène avec son chien César.

Güzel bir yaz günü küçük Sofi – ki Sofi gerçekten daha çok küçüktür – köpeği Sezar ile birlikte gezmeye çıkar.

tä

Sie läuft gerade über eine Blumenwiese, als sie ein seltsames Geräusch hört! Wer ruft denn da? Wer gibt so merkwürdige Laute von sich? Sophie beschließt herauszufinden, woher das Geräusch kommt...

terätätä

She's just walking across a lovely field of flowers, when she hears something really odd! Who's making that noise? Who can make such strange sounds? Sophie decides to find out where the sound is coming from...

toot-ti-toot-ta

Alors qu'elle traverse un pré tout en fleurs, elle entend un bruit bizarre ! Qui fait ce bruit ? Qui peut bien faire des sons aussi étranges ? Sophie décide de trouver d'où vient ce bruit...

tutuut-tutuut

Tuhaf bir gürültü duyduğunda tam bir çiçek tarlasını geçmektedir! Bu da kimin sesi böyle? Kim bu kadar garip sesler çıkarıyor? Sofi sesin nereden geldiğini bulmaya karar verir...

ti-ti-ti-tii

Sophie muss nicht weit laufen, da trifft sie einen Hahn, der auf einem Zaun sitzt.
Du sag mal, lieber Gockel, machst du ‚täterätätä’?

Sophie n’a pas besoin d’aller bien loin, quand elle rencontre un coq, perché sur une clôture.
Dis moi, cher coq, fais-tu <tutuut tutuut> ?

Sophie doesn’t have to walk far before she meets a rooster, perching on a fence.
Say, my dear rooster, do you go, ‘toot-ti-toot-ta’?

Sofi fazla yürümesine gerek kalmadan bir çitin üzerine tünemiş bir horozla karşılaşır.
Söyle sevgili Horoz, sen mi ‘ti-ti-ti-tii’ diye bağırıyorsun?

Kik

Toot-what? No, no! This is how I go: cock-a doodle-doo

Tutuu-quoi ? Non, non ! Je fais : cocorico

Tii mi? Hayır, hayır, ben şöyle bağırırım: ü-ürü-üüü

ää-was? Nein, nein, ich mache doch:

erikiiii

Auf der Wiese steht ein Schaf und schaut Sophie neugierig an.
Hallo, du wolliges Schaf, machst du ‚täterätätä'?

Un mouton dans le pré regarde Sophie avec curiosité.
Salut, mouton laineux, fais-tu <tutuut tutuut> ?

mäh

A sheep standing in the field looks curiously at Sophie.
Hello, you woolly sheep, do you go 'toot-ti-toot-ta'?

Çayırdaki bir koyun merakla Sofi'ye bakmaktadır.
Merhaba yumuş koyun, sen mi 'ti-ti-ti-tii' diye bağırıyorsun?

Excuse me? No, this is how I go: baa baa

Comment ? Non, je fais : bêêê bêêê

Efendim? Hayır, ben şöyle bağırırım: meee meee

Wie bitte? Nein, ich mache doch:

-mäh

Die kleine Sophie geht ein wenig enttäuscht weiter. Da sieht sie einen Hund auf dem Gehweg in der Sonne liegen.
Du sag mal, lieber Struppi, machst du ‚täterätätä'?

La petite Sophie, un peu déçue, poursuit sa route. C'est alors qu'elle voit un chien allongé au soleil, sur le chemin.
Hé toi cher toutou, fais-tu <tutuut tutuut> ?

Little Sophie continues on, a bit disappointed. Then she sees a dog lying on the sidewalk in the sun.
Hey you, doggy, do you go 'toot-ti-toot-ta'?

Küçük Sofi biraz hayal kırıklığına uğramış bir şekilde yoluna devam eder. O sırada kaldırımda yatmış güneşlenen bir köpek görür.
Söyle sevgili kuçu, sen mi 'ti-ti-ti-tii' diye bağırıyorsun?

wa

Toot-nonsense! I go like this: **bow-wow**

Tutuu – n'importe quoi ! Je fais : **ouah ouah**

Tii-ti de nesi? Ben şöyle bağırırım: **hav hav**

ätä-quatsch! Ich mache doch:

Wau wuff

Nun gut, dann muss Sophie eben weiter suchen. Da springt ihr eine Katze entgegen.
Hallo, Mieze-Katze, du machst doch bestimmt ‚täterätätä' oder?

Et bien, Sophie doit continuer de chercher. Soudain un chat bondit devant elle.
Salut, petit minou, tu fais sûrement, <tutuut tutuut>, non ?

Well then, Sophie will have to keep searching. Suddenly, a cat jumps into her path.
Hi, Kitty-cat, you're surely the one who goes 'toot-ti-toot-ta', right?

Pekâlâ, o zaman Sofi aramaya devam etmelidir. O sırada önüne bir kedi atlar.
Merhaba pisicik, mutlaka sen 'ti-ti-ti-tii' diye bağırıyorsun, değil mi?

I don't make a noise like that! I go like this: meow-meow

Je ne fais pas un tel bruit ! Moi je fais : miaou miaou

Öyle bir gürültü çıkarmam ben! Ben şöyle bağırırım: miyav miyav

n mache doch:

miau

Als Sophie weitergehen will, sieht sie eine Schnecke, die vor ihren Füßen über den Weg kriecht.
Machst du ‚täterätätä' Schnecke?
Die Schnecke sagt nichts.
Hey, kleine Schnecke, was für ein Geräusch machst du?
Doch wieder sagt die Schnecke nichts und kriecht davon.

Alors que Sophie veut reprendre sa route, elle voit un escargot qui passe devant elle en rampant.
Fais-tu <tutuut tutuut>, escargot ?
L'escargot ne répond pas.
Eh bien, petit escargot, quelle sorte de bruit fais-tu ?
Mais l' escargot ne répond toujours pas et s'éloigne.

Just as Sophie is starting on her way again, she sees a snail that is creeping across the path in front of her.
Do you go 'toot-ti-toot-ta', snail?
The snail is silent.
Hey, little snail, what kind of sound do you make?
But again the snail is quiet and creeps away.

Sofi yoluna devam etmek istediği sırada ayaklarının dibinde yolda sürünen bir salyangoz görür.
Sen mi 'ti-ti-ti-tii' diye bağırıyorsun salyangoz?
Salyangoz hiç bir şey demez.
Hey küçük salyangoz, sen nasıl bir ses çıkarıyorsun?
Salyangoz gene bir şey demez ve sürünüp gider.

Sophie will immer noch nicht aufgeben. Sie geht weiter und entdeckt einen Esel, der auf einer Weide grast.
Du sag mal, Eselchen, machst du ‚täterätätä'?

Still, Sophie won't give up. She keeps on walking and discovers a donkey, grazing in a pasture.
Please tell me, donkey-darling, do you go 'toot-ti-toot-ta'?

Sophie ne veut toujours pas abandonner. Elle poursuit son chemin et rencontre un âne qui broute dans un pâturage.
Eh dis moi petit âne, fais-tu <tutuut tutuut> ?

Sofi hala pes etmek istemez. Yoluna devam eder ve çayırda otlayan bir eşek keşfeder.
Söyle eşekçik, sen mi 'ti-ti-ti-tii' diye bağırıyorsun?

There's only one thing I can say to that: hee-haw hee-haw

Je ne peux que répondre : hihan hihan

Bu konuda sadece şunu söyleyebilirim: ai ai

azu sage ich nur eins:

ia-ia

Jetzt wird Sophie doch langsam müde. Sie kommt zu einem kleinen Teich und setzt sich ans Ufer, um sich ein bisschen auszuruhen. Da taucht plötzlich ein Frosch neben ihr auf.
Ach, du kleiner Hüpfer, bitte sag, dass du es bist, der ‚täterätätä' macht!

By now little Sophie is starting to feel tired. She arrives at a little pond and sits down at the edge to rest a while. Suddenly a frog appears next to her.
Oh please, little hopper, tell me you're the one who goes 'toot-ti-toot-ta'!

Sophie commence à être fatiguée maintenant. Elle parvient à un petit étang et s'assied sur le bord pour se reposer un peu. C'est alors qu'une grenouille surgit à côté d'elle.
Ah, petite sauteuse, s'il-te-plaît, dis moi que tu fais <tutuut tutuut> !

Artık Sofi yavaş yavaş yorulmaya başlamıştır. Küçük bir gölcüğe varır ve biraz dinlenmek için kıyısına oturur. O sırada yanında bir kurbağa biter.
Ah, küçük zıp-zıp, 'ti-ti-ti-tii' diye senin bağırdığını söyle lütfen!

quaak

What silliness. I go like this: ribbit ribbit

Quelle sottise. Je fais : coa coa

Daha neler. Ben böyle bağırıyorum: vıraak vıraak

So ein Quatsch. Ich mache doch:

-quaak

Aber ich gebe dir einen Tipp, kleines Fräulein: Frag doch mal den Timo dort drüben.

But I'll give you a hint, little girl: ask Timmy over there.

Mais, je te donne un indice, petite demoiselle : demande donc à Timothée là-bas.

Ama sana bir ipucu vereyim küçük hanım: Bir de orada duran Timo'ya sor.

Danke, lieber Frosch!, ruft Sophie
und springt auf.
Jetzt werde ich endlich erfahren,
wer diesen geheimnisvollen Laut
von sich gibt!

Thank you, dear frog! Sophie calls
as she jumps to her feet.
Now I'm going to find out who's
making that mysterious noise!

Merci, chère grenouille !, dit Sophie
en se relevant.
Maintenant, je vais enfin apprendre
qui fait ce bruit mystérieux !

Teşekkürler sevgili kurbağa!,
diye bağırıp yerinden sıçrar Sofi.
Sonunda bu gizemli sesi kim
çıkarıyor öğreneceğim!

Timo spielt auf seiner Trompete – oder er versucht es zumindest!

Timmy is playing his trumpet – or at least he's trying to!

C'est Timothée qui joue de la trompette – ou du moins qui essaie !

Timo trompet çalmaktadır – ya da en azından çalmayı denemektedir!

täterä

täterätätä

täterätätä

tätä

toot-ti-toot-ta

tutuut tutuut

ti-ti-ti-tii

DEUTSCH	ENGLISCH
Substantive	**Nouns**
der Sommertag	summer day
die Blumenwiese	field of flowers
das Geräusch	sound
der Zaun	fence
der Gehweg	sidewalk
die Sonne	sun
der Baum	tree
die Weide	pasture
der Teich	pond
die Trompete	trumpet
Verben	**Verbs**
gehen	to go
fragen	to ask
suchen	to search
springen	to jump
kriechen	to creep
schauen	to look
sagen	to say
entdecken	to discover
sitzen	to sit
sich ausruhen	to rest
Tierlaute	**Animal sounds**
der Hahn kräht „kikeriki“	the rooster crows “cock-a-doodle-doo”
das Schaf blökt „mäh mäh“	the sheep bleats “baa baa”
der Hund bellt „wauwau“	the dog barks “bow-wow”
die Katze miaut „miau“	the cat meows “meow”
die Schnecke ist stumm	the snail is mute
der Esel schreit „i-a“	the donkey brays “hee-haw”
der Frosch quakt „quaak“	the frog croaks “ribbit”

FRANZÖSISCH

Noms communs

la journée d'été
le pré en fleurs
le bruit
la clôture
le chemin
le soleil
l'arbre
le pâturage
l'étang
la trompette

Verbes

aller
demander
chercher
sauter
ramper
regarder
dire
découvrir
s'asseoir
se reposer

Bruits d'animaux

Le coq chante « cocorico »
Le mouton bêle « bêêê bêêê »
Le chien aboie « ouah ouah »
Le chat miaule « miaou miaou »
L'escargot est muet
L'âne brait « hihan »
La grenouille coasse « coa »

TÜRKISCH

isimler

yaz günü
çiçek tarlası
ses/gürültü
çit
kaldırım
güneş
ağaç
çayır
gölcük
trompet

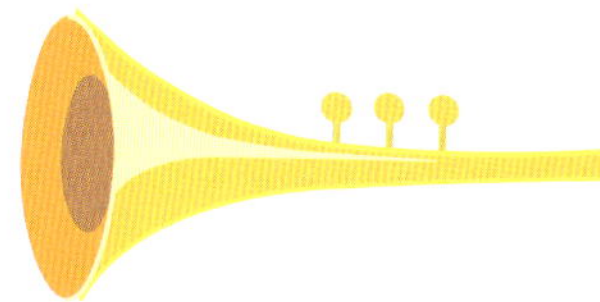

Fiiller

gitmek
sormak
aramak
sıçramak
sürünmek
bakmak
söylemek
keşfetmek
oturmak
dinlenmek

Hayvan Sesleri

horoz ötüyor "ü ürü üüü"
koyun meliyor "meee meee"
köpek havlıyor "hav hav"
kedi miyavlıyor "miyav"
salyangoz ses çıkarmıyor
eşek anırıyor "ai"
kurbağa vıraklıyor "vıraak"

Wer ruft denn da?

Who's Making That Noise?

Who´s making that noise? Who could that be?
It sounds just like... wait a minute! ...
It´s coming to me!

Bark like a dog, "bow-wow-wow"
Meow like a cat, "meow – meow"
Crow like a rooster, "cock-a-doodle-doo"
Isn´t that great? Yes, that´s true!

Croak like a frog, "ribbit – ribbit"
Bray like a donkey, "hee-haw, hee-haw"
Bleat like a sheep, "baa-baa-baa"
And the trumpet blares, "toot-ti-toot-ta-ta!"

The snail keeps silent, I asked it twice
But sometimes a little bit of quiet´s just nice

But what I like to sing more than anything is:
"Toot-ti-toot-ta-ta"!

Qui fait ce bruit?

Qui fait ce bruit? D'où cela vient-il?
Cela ressemble à... attends..
C'est vraiment pas facile!

Abboyer comme un chien, "ouah, ouah, ouah"
Miauler comme un chat "miaou, miaou"
Chanter comme un coq "cocorico"
Ça m'plaît beaucoup, bravo, bravo!

Coasser comme une grenouille
"coa, coa, coa"
Braire comme un âne "hihan, hihan"
Bêler comme un mouton, "bêêê, bêêê, bêêê"
"Tutuut, tutuut" fait la trompette!

Le seul qui se taît c'est l'escargot
Mais ça nous donne un peu de repos!

Mais le plus sympa, c'est sans doute ça:
"tutuut, tutuut"!

Bu Kimin Sesi?

Bu kimin sesi? Kim olabilir?
Tanıdık sanki...bir dakika!..
Bir bulabilsem!

Köpek gibi hav, 'hav hav hav'
Kedi gibi miyav, 'miyav miyav'
Horoz gibi öt, 'ü ürü üüü'
Hoşuma gitti, 'ha ha ha hi hi hi'!

Kurbağa gibi vırak, 'vıraak vıraak vıraak'
Eşek nasıldı? 'ai ai ai'
Koyun gibi mele, 'mee mee mee'
Trompet de böyle 'ti-ti-ti'!

Salyangoz sessiz, ay ay ay...
Sessizlik de bazen çok güzel!

İşte en eğlenceli sesi buldum şimdi!
ti-ti-ti!

Impressum Hör-CD

1. **Wer ruft denn da?** (deutsch), gelesen von Günter Keil 4:19
2. Kinderlied **Wer ruft denn da?** (deutsch), gesungen von Betty Legler 2:21
3. **Who`s Making That Noise?** (englisch), gelesen von Kristy Clark Koth 3:58
4. Kinderlied **Who`s Making That Noise?** (englisch), gesungen von Betty Legler 2:26
5. **Qui fait ce bruit ?** (französisch), gelesen von Françoise Cavanat-Grill 4:05
6. Kinderlied **Qui fait ce bruit ?** (französisch), gesungen von Betty Legler 2:21
7. **Bu Kimin Sesi?** (türkisch), gelesen von Savaş Tetik 4:45
8. Kinderlied **Bu Kimin Sesi?** (türkisch), gesungen von Sena Meten 2:20
9. Kinderlied viersprachig, gesungen von Betty Legler und Sena Meten 4:39
10. Playback Kinderlied (lang) 4:37
11. Vokabelverzeichnis viersprachig, gesprochen von Kindern (s.u.) 6:16

Kinderstimmen:

Tanina Schlieker, Raffael Unger (deutsch); Jasmine und Sebastian Koth (englisch); Leonardo und Lorenzo Vicari, Julie Grill (französisch); Dilek Saygıl, Eray Aktaş (türkisch)

Kinderlied:

Musik, Text, Produktion:	Betty Legler (www.bettylegler.com)
Instrumente:	Gregor Bucher (Trompete), Betty Legler (Flügel, Akkordeon), Hubert Osterwalder (Gitarre), Raphael Zweifel (Cello)
Aufnahmen + Mischung:	Fizzè im Studio Mensch, Weite (Schweiz) (www.mensch3000.ch)
Aufnahme Gesang türkisch:	Mit freundlicher Unterstützung des İmaj Post Production House, Istanbul

Gesamtproduktion:

Aufnahmen Sprecher:	Plateau-Studio, München (www.plateaustudio.de)
Mischung & Mastering:	Armin Dörfler, SilentService Audioproduction (www.silentservice.de)
Konzeption & Regie:	Dr. Kerstin Schlieker

Eine Produktion von SilentService Audioproduction und Edition bi:libri